¡ANIMALES MARINOS SALVAJES!

LOS DELFINES

Melissa y Brandon Cole

BLACKBIRCH®
PRESS

THOMSON
★
GALE™

San Diego • Detroit • New York • San Francisco • Cleveland • New Haven, Conn. • Waterville, Maine • London • Munich

For more information, contact
The Gale Group, Inc.
27500 Drake Rd.
Farmington Hills, MI 48331-3535
Or you can visit our Internet site at http://www.gale.com

Photo Credits: All images © Brandon D. Cole, except page 5 © Gregory Ochocki.

LIBRARY OF CONGRESS CATALOGING-IN-PUBLICATION DATA

Cole, Melissa S.
  [Dolphins. Spanish]
  Los delfines / by Melissa y Brandon Cole.
    p. cm. — (Animales marinos salvajes!)
Summary: Discusses the physical characteristics, feeding and mating behavior, interaction with humans, and habitat of dolphins.
Includes bibliographical references.
  ISBN 1-41030-006-4 (hardback : alk. paper)
  1. Dolphins—Juvenile literature. [1. Dolphins. 2. Spanish language materials.] I. Cole, Brandon. II. Title. II. Series: Cole, Melissa S. Wild marine animals!

QL737.C432 C5618 2003
599.53—dc21   2002015833

Printed in China
10 9 8 7 6 5 4 3 2 1

Contenido

Introducción

Los delfines de Héctor nadan en grupos. Son los más escasos y pequeños del mundo.

Hace tiempo creíamos que los delfines eran peces. Ahora sabemos que son mamíferos marinos. Tal como el hombre, los gatos y otros mamíferos, estos animales de sangre caliente tienen respiración pulmonar y amamantan a sus crías.

Los delfines existen en muchos lugares. La tonina y el delfín común habitan todos los mares del mundo. El delfín manchado y el delfín acróbata de hocico largo sólo existen en aguas cálidas mientras que otras especies, como el delfín blanco del Pacífico, viven en mares fríos. La marsopa y el delfín de Héctor prefieren las costas de poca profundidad. Unas especies muy raras habitan algunos de los ríos de agua dulce más grandes y lodosos de Asia y América del Sur.

Los delfines del Amazonas viven en ríos lodosos de América del Sur.

Miembros de la familia

Los delfines forman parte de la misma familia que el cachalote gigante y la orca. Hay más de 30 especies en esta familia, que los científicos llaman "los cetáceos". Éstas son las descripciones de las especies más comunes.

La tonina

La tonina, o delfín nariz de botella, existe en aguas templadas de casi todos los mares. Es la especie más común que vemos en zoológicos y acuarios. Algunas toninas llegan a pesar 1,000 libras (454 kilogramos) y miden casi 13 pies (4 metros) de longitud.

Una camada de delfines manchados nada en el Atlántico. Los jóvenes son grises.

El delfín manchado

El delfín manchado existe en mares templados y tropicales. Los cachorros nacen sin manchas, las cuales aparecen cuando crecen.

El delfín común

Este delfín vive en grupos. Es fácil de reconocer porque tiene un patrón parecido a un reloj de arena y manchas amarillas en el cuerpo. El hocico es alargado y delgado y los dientes son afilados.

La marsopa, como esta marsopa de Dall, tiene hocico chato y aletas dorsales pequeñas.

El delfín blanco del Pacífico

Este delfín habita comunmente en las aguas frías del norte del Pacífico. Recorre los mares en camadas. Tiene la espalda oscura, los lados más claros y el hocico corto.

La marsopa

La marsopa es parecida al delfín pero es más pequeña. El hocico es chato y los dientes parecen espadas, en lugar de conos como los dientes de los delfines comunes.

7

El cuerpo del delfín

Los delfines son mamíferos acuáticos que respiran aire. El cuerpo en forma de torpedo, con la piel suave y lisa, les permite nadar a gran velocidad y sin esfuerzo. Hay de muchos colores y tamaños, desde el pequeñito y oscuro delfín de Héctor, hasta el enorme y más claro delfín de Risso. Todos tienen una capa gruesa de grasa de bajo de la piel para defenderse del frío.

Los delfines usan aletas para voltearse y navegar. La estructura esquelética de una aleta es parecida a los huesos de tu mano.

El delfín agita las aletas caudales poderosas de arriba hasta abajo para empujarse por el agua.

Los dientes cónicos afilados sirven para atrapar presas resbalosas.

Los científicos creen que los delfines provienen de unos mamíferos pequeños y peludos que se alimentaban junto a la orilla.

La mayoría de los delfines tienen en la espalda una aleta dorsal curva para balancearse y mantenerse derechos en el agua. En lugar de patas traseras tienen colas poderosas. La mueven de arriba abajo, y no de lado a lado como la mueve un pez. La cola tiene dos aletas caudales que sirven de remo y empujan el delfín por el agua.

Los delfines atrapan peces resbalosos y calamares con el hocico. Algunos sólo tienen 8 dientes, ¡ y otros como 250! Los machos suelen tener más dientes que las hembras.

Características especiales

Los delfines tienen muchas características para poder habitar su mundo acuático. Respiran a través de una abertura similar a las narices, el respirador, ubicado encima de la cabeza. El delfín toma aire de la superficie por el respirador, y al sumergirse lo cierra herméticamente. Esto les permite tener oxígeno durante mucho tiempo mientras nadan. Así no tienen que sacar la cabeza cada vez que quieran respirar.

Detrás de la mandíbula superior hay una capa de tejidos grasos que se llama el melón. El melón tiene una serie de tubos que el delfín aprieta para pasar aire de un tubo al otro. Cuando los aprietan, producen ruidos y sonidos.

Los delfines respiran por respiradores que están arriba en la cabeza.

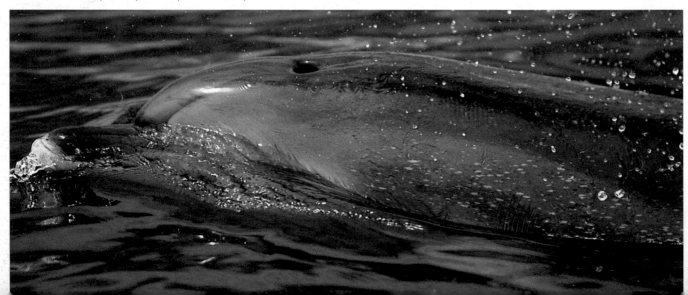

Los delfines tienen tejido graso entre sus ojos. Usan tubos de aire en el tejido para producir sonidos.

Como los delfines no tienen cuerdas vocales, sus sonidos provienen de los respiradores y no de la boca. Con estos sonidos se comunican. También los usan para ubicarse fácilmente en aguas lodosas. Los clics y zumbidos recorren el agua como ondas sonoras. Cuando las ondas se topan con un objeto, regresan o rebotan, y le avisan al delfín que hay algo enfrente. Este sistema se llama ecos de retorno, un sistema acústico de localización.

Se han entrenado delfines en cautiverio para una gran variedad de trucos y hazañas.

El sistema acústico es impre-scindible para los delfines de río, los cuales son prácticamente ciegos. La buena vista no sirve de nada en un río lodoso con poca visibilidad. Los delfines usan el sistema para crear una imagen mental de sonido que les "describe" su entorno.

Muchos delfines tienen el vientre claro y la espalda oscura. Este camu-flaje les permite mezclarse con su medio ambiente. Desde arriba son prácticamente invisibles en océanos oscuros y profundos porque la espalda es oscura. Vistos por debajo, no se distinguen entre la superficie brillante porque el vientre es claro.

Una de sus características más importantes es su gran inteligencia. En cautiverio han demostrado que aprenden trucos rápidísimo. ¡Algunos les han enseñado trucos a otros delfines!

Los militares han entrenado delfines para hallar personas perdidas y detectar explosivos. Los delfines silvestres usan su astucia para hallar alimentos, nuevas maneras de cazar presas o evadir predadores, como tiburones, orcas y seres humanos. Todos los días los biólogos aprenden más sobre el comportamiento y la comunicación de los delfines. ¡Ojalá que algún día entendamos claramente lo que dicen!

El vientre claro protege los delfines en su medio ambiente cuando son vistos por abajo.

Vida social

Los delfines viajan en grupos grandes.

Los delfines son animales sociables, se tocan y acarician los cuerpos de otros delfines. Juegan con objetos como algas marinas, piedritas y peces. Los avientan al aire, los llevan en la boca a otro sitio, los balancean en las aletas y se los pasan a otros delfines.

A menudo se persiguen, saltan sobre la superficie, salpican sus aletas caudales y se dan de giros. A muchos les gusta andar sobre las olas que producen los barcos. Cuando oyen el zumbido de un motor, se acercan el barco tan rápido como puedan.

Los delfines son animales sociables que disfrutan tocarse el uno al otro.

Los delfines por lo general viven en grupos o bancos. Cada especie tiene un tamaño de grupo específico. Por ejemplo, la tonina y el delfín manchado suelen vivir en grupos pequeños de diez. El delfín común y el delfín blanco del Pacífico viven en camadas enormes, conteniendo miles de ejemplares. En cada camada tienden a juntarse por sexo y por edades. Las hembras con crías forman un grupo, los adolescentes otro. Los machos adultos suelen formar el tercero. Si algo los amenaza, las madres y sus crías se van al centro donde las protegen los machos y las hembras sin crías. Con el hocico pueden darles un golpe en el vientre a los predadores. ¡Han hasta matado tiburones atacantes!

Es asombrosa la forma en que se comunican los delfines. Cada uno tiene su voz— un silbido único que identifica a cada individuo. Es como tener nombre propio. Los grupos se silban todo el tiempo para permanecer juntos.

Cacería y alimentos

Los delfines "caminan con la cola" al moverla hacia adelante y hacia atrás.

La mayoría de los delfines se alimentan de peces o calamares. Usan los largos hocicos, con dientes afilados y cónicos, para atrapar presas. No mastican la comida—se la tragan entera.

Para atrapar presas rápidas, nadan rápido y se clavan profundamente. Los delfines de mar abierto, como la tonina, pueden nadar a 15 millas por hora (22 km). ¡La marsopa de Dall puede alcanzar grandes velocidades de 35 millas por hora (53 km)! Para obtener una velocidad máxima, los delfines saltan sobre el agua en arcos. También "caminan con la cola" derechos sobre el agua, moviendo la cola hacia enfrente y hacia atrás.

Los delfines hacen acrobacias para hallar una presa. Por ejemplo, cuando saltan en el agua o caminan con la cola, pueden buscar en la superficie aves marinas que se alimentan de peces.

Algunas especies de delfín viajan con las estaciones del año para encontrar escuelas de peces o calamares. En la costa de California, se puede ver la tonina emigrando hacia el sur cada otoño y regresando hacia el norte cada primavera.

Cuando persiguen peces, los delfines usan los melones para producir sonidos agudos. Estas ondas de sonido poderosas pueden matar peces. Los delfines también utilizan los ecos de retorno para hallar peces escondidos bajo la arena. Una vez que los encuentran, usan los hocicos como pala para desenterrarlos.

La orca, también conocida como "ballena asesina", es en realidad un delfín, el más grande de todos. Algunas orcas se alimentan sólo de peces. Otras atraviesan los océanos en busca de presas como focas, delfines, tortugas y otras ballenas. Estas ballenas, conocidas como orcas transeúntes, cazan como manada de lobos. Rodean la presa y en equipo la atrapan.

Con un hocico largo el delfín saca peces de la arena.

Apareamiento

La investigación ha comprobado que los delfines viven largo tiempo. El macho de la tonina llega a cumplir los cuarenta. La hembra sobrevive con frecuencia hasta los cincuenta. La hembra comienza a dar a luz entre los cinco y seis. Una cría nace como cada tres años. La hembra a menudo se cruza con más de un macho. Los machos son agresivos entre sí cuando compiten por la atención de una hembra. Muchos tienen "marcas de rastrillo" en la piel, causadas por los dientes de sus rivales. Una vez que se cruzan, los machos suelen dejar el grupo y toman su propio rumbo. Cuando nace una cría, el padre no participa en su crianza.

"Marcas de rastrillo" en la piel y aletas provienen de los dientes de rivales.

Algunos delfines cumplen cuarenta
o cincuenta años de edad.

La crianza

Las crías permanecen con su madre varios años.

Las hembras están embarazadas como doce meses. La tonina mide unos 3 pies (1 metro) de longitud cuando nace, ¡y parece balón de fútbol americano! Al principio, las aletas y la cola son de goma para que no se atoren durante el parto. A los pocos días se endurecen.

Los delfines nacen sumergidos bajo agua, pero cerca de la superficie. A veces otra hembra, "la tía", ayuda a la madre con el parto y con la crianza del pequeño.

Con frecuencia el cachorro nace con la cola primero. Un recién nacido no tiene oxígeno en los pulmones, por lo tanto empieza a hundirse. Su madre y su "tía" lo levantan a la superficie de inmediato para que respire por primera vez. A los 30 minutos más o menos, puede nadar por sí solo.

El cachorro empieza a tomar leche de inmediato. La madre se coloca de lado y ambos aguantan la respiración mientras el bebé traga la leche que la madre le tira a la boca.

Un delfín manchado recién nacido nada junto a su madre.

Los cachorros de la tonina toman leche de la madre hasta los 18 meses. La leche del delfín tiene un contenido alto de grasas para que crezca rápido. A los seis meses de edad, más o menos, prueban su primer pez. Mordizquean las sobras de la comida que dejan los adultos después de la cacería. A medida que van creciendo, empiezan a brotar sus dientes y pueden aprender a cazar.

La madre y su cría forman un enlace muy cercano. Un pequeño puede llegar a quedarse con su madre dos o tres años.

Los delfines y el hombre

Mucha gente admira los delfines en la naturaleza.

Los delfines han fascinado al hombre desde el primer pescador. Admiramos su velocidad y su gracia y nos fascina su inteligencia.

Algunos creen que los delfines pueden curar enfermos. Nadie sabe cómo, pero los niños autísticos —con dificultades para interactuar con el mundo que los rodea— parecen responder cuando están en contacto con delfines.

Aunque muchos los aman, los seres humanos son su peor enemigo. En ciertas partes del mundo, algunos pescadores usan redes enormes que miden 30 millas (48 kilómetros) de longitud. Las redes son casi invisibles, y cuando se sueltan al mar, los delfines caen atrapados. Muchas veces se ahogan si no pueden salir a la superficie a respirar. En los últimos 30 años, se han ahogado como 7 millones en estas redes. Recientemente se han producido redes con "puertas de escape" para los delfines, para tratar de salvarlos. Pero con todo y eso, miles siguen pereciendo cada año.

Otro peligro causado por los humanos es la contaminación. Los químicos de desperdicios industriales, petróleos, aguas negras y pesticidas terminan en el mar con frecuencia. Estos venenos se almacenan en las capas de grasas del cuerpo. Como las de los delfines son muy gruesas, los químicos se acumulan, y se enferman.

Durante siglos el ser humano ha tenido una relación especial con los delfines. Nos es irresistible la posibilidad de comunicarnos con ellos algún día. Pero esto no va a ser posible si no hacemos un gran esfuerzo por protegerlos y cuidar su mundo acuático.

Buzos pueden nadar muy cerca de delfines que son curiosos.

GLOSARIO

goma La grasa subcutánea (debajo de la piel) de la ballena, foca o delfín

camuflaje Cubierta o colorido que ayuda a humanos, animales y objetos a parecerse a su medio ambiente.

hábitat El lugar y las condiciones naturales en donde vive una planta o un animal

presa Animal cazado por otro animal como comida

especie Grupo de animales similares

PARA MÁS INFORMACIÓN

Libros

Brust, Beth Wagner. *Dolphins and Porpoises* (Zoobooks). Mankato, MN: Creative Education, 2000.

Carwardine, Mark. *Whales, Dolphins, and Porpoises* (See and Explore). New York: Dorling Kindersley, 1998.

Davies, Nicola. *Dolphin: Habitats, Life Cycles, Food Chains, Threats* (Natural World). Chatham, NJ: Raintree/Steck Vaughn, 2000.

Walker, Sally M. *Dolphins* (Nature Watch). Minneapolis, MN: Carolrhoda Books, 1999.

Sitio de la Web

Último Guía: Delfines [Ultimate Guide: Dolphins]

Aprende otros datos fascinantes de los delfines y descubre lo que significan los diferentes sonidos que producen—*www.discovery.com/stories/nature/dolphins/dolphins.html*

ÍNDICE